GEDICHTE

Felix von Saar

© 2022 Felix von Saar

Herstellung und Verlag: BoD – Books on Demand,

Norderstedt

ISBN: 9783755742715

Vorwort

Zu Beginn einige Worte zur Erklärung dieses Buches.

Ich teilte mein Buch beabsichtigt in drei Teilgebiete ein. Teil eins ist die Moral, Teil zwei, die Realitätskontrolle und den Teil drei nannte ich Libido. Sicher bemerken Sie hierbei schon einen bewusst gewählten Zusammenhang.

Diese drei Teile bezeichnen das Modell der menschlichen Psyche, nach Sigmund Freud.

Die Moral, beziehungsweise die moralische Instanz oder auch Forderung, soll hier das „Über-Ich" darstellen. Das „Ich", findet man im Teil der Realitätskontrolle wieder, als Umformulierung vom Realitätsprinzip, sowie der Kontrolle.

Zu guter Letzt steht der Begriff Libido für das Lustprinzip und somit das „Es".

Die Gedichte im ersten Teil sind somit sozusagen Werte und Normvorstellungen, als moralische Instanz für das Leben. Der zweite Teil steht im weitesten Sinne für die Reaktionen und die offenbarten Gefühle des kritischen Verstandes. Teil drei ist somit die Libido selbst. Darunter verstehe ich hier die Forderung nach sexuellen Bedürfnissen.

Natürlich kann man diese Bucheinteilung keines Falls als perfekte psychische Einordnung betrachten. Die tatsächlichen Inhalte sind sehr themenübergreifend.

Ich empfehle Ihnen, dass Sie sich nun Ihren eigenen Eindruck verschaffen und wünsche Ihnen viel Spaß beim Lesen und anschließendem Interpretieren des lyrischen Ichs.

Inhaltsverzeichnis

Moral

Gedichte

Das Innere des Herzens, der Seelenbegehr;
Gedanken, die plagen den Frohsinn so schwer.
Ich blute es aus in Formen der Worte,
Auf das Pergament der Lyrikerpforte.

Gereimt sei die Freude, gereimt sei der Schmerz;
Das Schicksal erlaubt sich periodisch einen Scherz.
So hält sich die Waage von Leid und Glück;
Nur gute Erfahrung bleibt dabei zurück.

Diamant

Aus Kohlenstoff und Druck wird ein Diamant,
Manch Mensch wird dafür erst vorher verbrannt.
Doch hat man zu Lebzeit oft Druck und Schmerz,
Wird zum Diamant das wertvolle Herz.

Vergangenheit

Abgelenkt von dieser Zeit,
Die Vergangenheit nicht weit.
Immer noch der Schuld bewusst,
Tiefer Hass in ihrer Brust.

Was soll das werden, auf und ab
Und keiner mehr die Wahrheit sagt.
Stummer Streit im Menschenvolk;
Im Gedanken klackt der Colt!

Herbsttag

Der Herbsttag, er kommt; welch düstere Zeit.

Doch ich bin nicht traurig; hab Zweisamkeit!

Frauen!

Immer wenn du merkst, es ist doch übertrieben,

Was Du mir eben ausführlich beschrieben,

Ist es dann plötzlich "ganz einfach Prinzip",

Was mir dann sehr zu denken gibt.

Realitätskontrolle

Trauer

Nun bist du gegangen, ganz plötzlich und schnell;
Der Frohsinn nun dunkel, das Grablicht scheint hell.
Ein Stich in mein Herz, ganz schwer in der Brust;
Habe ich es doch schon vorher gewusst.

Wollt es nicht glauben, unsterblich du warst;
Der Tod nun gekommen, die Zeit schnell gerast.
Ich prompt es verdränge, zu groß dieser Schmerz;
Doch du bleibst für immer in meinem Herz.

Vermisse dich so sehr, ein Vorbild du bist;
Die Trauer mich ständig von innen auffrisst.
Vermiss deine Weisheit, vermiss deinen Rat;
Hast immer geholfen auch ungefragt.

Dein Herz war so groß, ganz selbstlos und gut;
Du hast uns gegeben viel Kraft und Mut.
Dachtest nur an andere, ihr Frohsinn, dein Glück;
Hast nie verlangt dafür etwas zurück.

Nun lebst du doch weiter, unvergessen deine Worte;
Ja auch dein Humor war besonderer Sorte.
Ein Lächeln uns schenkt die Erinnerung,
Und wir auch beherzigen deine Erfahrung.

Zweifel

Einer der spricht zu dir die gleichen Worte,
Der Andere verwechselt die Beziehungssorte;
Der Nächste sieht es ganz genau wie du,
Und hört dir zu.

Manch einer sagt Du würdest nicht zu mir passen,
Wäre für Sie ein Grund Dich zu verlassen;
Doch Ich blieb bei Dir, zwei Jahre lang.
Und viel zu lang!

Nach einem Jahr merkte Ich es schon,
Wir redeten oft im raueren Ton.
Du meintest zu mir: Ich war ganz verstellt,
Was Dir einst gefällt.

Nun plagen Mich Gewissensbisse!
Doch das eine Ich mit Sicherheit wisse,
Wir immer weiter auseinander gehen;
Und Ich uns trennen sehe...

Liloba

Wieder mal drauf rein gefallen,
Das Herz an falsche Hoffnung krallen.
Wieder alles für Sie gegeben,
Um in gemeinsame Zukunft zu streben.

Du hast gesagt: "Ich liebe dich",
Doch gefühlt hast Du es nicht.
Als ich Dich befreien wollte aus dem Leben,
Das dir kein Glück und Hoffnung gegeben.

Du standest da vor deiner Tür,
Und ich sprach: "Komm mit mir!".
Habe Dich unterstützt mit aller Kraft,
Doch Deine Einsicht ist nie ganz erwacht.

Die Karten wurden neu gemischt,
Neue Infos aufgetischt.
Mein Wille stärker als zuvor,
Doch ich nur stieß auf taubes Ohr.

Du hattest keine Kraft,
Ich habe es nicht geschafft,
Trug und Warheit zu entdecken,
Ich wusste es, wollt es nicht checken.

Zum Selbstschutz distanzierst du dich,
Und die Warheit sagst du nicht.
Du willst füllen die Leere im Herz;
Alle dachten, welch schlechter Scherz.

Ja, nun hast Du einen Neuen;
Die Distanz wird ihn nicht scheuen.
Seinen Sex hat er nun genug,
Und du nicht verstehst dein Selbstbetrug!

Spiegel

So kühl mich mustert mein Blick.

Verloren so oft, mit wenig Geschick.

Ein halber Bart ziert mein Gesicht;

Die schwere im Auge sehe nur ich.

Mal blutunterlaufen, mal trocken, mal nass;

Die Brille davor verringert das.

Gedanken, sie Kreisen im tiefen Sinn,

Doch das alleine bringt keinen Gewinn.

Zeit

Die Musik verläuft zurück,
Schlager ist modern;
Darum werden gespielt,
Alte Lieder, gehöret gern.

Und die Mode, sie ist alt,
Kommt zurück aus Opas Zeit.
Die Frisur wird nachgeahmt,
Wiederholung alter Art.

Neben Schlager, gleicher Mix,
Von dem Muster DJ Nichts.
Gleicher Klang die ganze Zeit,
Musikkultur nicht weit gereiht.

Alter Rock, er geht zurück
Kombiniert mit Metalstück.
Keiner hat Ideen mehr,
Und das Texten fällt so schwer.

Ja, und Retro ist modern,
Vintage Look, das hört man gern.
Der Technikfortschritt schwinden geht,
Denn auch Schallplatte im Laden Steht.

Ästhetisch alt, Schönheit des Neuen;
Gern tät ich mich drüber freuen.
Alte Sachen, plötzlich neu.
Schritt zurück, nach vorn zu scheu.

Libido

Triebe

Ich möchte deine Brüste lecken,
Mein Geschlecht dazwischen stecken.
Auch abspritzen, es tut mir gut!
Auf deinen Nippeln heiße Glut.

Ich setze mich auf dein Gesicht,
Und mache deine Lippen dicht.
Du mich umschlingst ganz unbeschreiblich,
Die Zunge mich reibt mit Gleitschicht.

Jetzt will ich dich von hinten nehmen,
das Antlitz vorn will ich nicht sehen.
An der Leine ich nun trecke,
Und den Penis ich verstecke.

Harte Schläge auf das Gebein,
Mich macht es geil das laute Schrein!
Ich kratze dir den Rücken auf,
Ein Rinnsal nun im steten Lauf.

Beißen, kratzen, transpirieren,

Wir werden zu wilden Tieren.

Schneller, fester, nimm mich hart ran.

Ein leichtes mir, ich es gut kann.

Kamasutra

Liebe Frau, darf ich Sie warnen?
Mein zweites Ich kann Sich gut tarnen!
Ist gar verrucht vor dunklen Trieben,
Meinen Sie das kann man Lieben?

Ich mag sehr gern, das sei bewusst,
Die große Abenteuerlust.
Das Kamasutra, rauf und runter,
Da werden Lebenslüste munter.

Langsam und schnell, ich transpiriere,
Ich dir mein nacktes Fleisch serviere.
Welch Hingabe aus den Gelüsten,
Während wir uns wild und zärtlich küssen.

Etwas ausgefallen darf es schon sein,

Drum führe ich dir auch Spielzeug ein.

Mal groß, mal klein, es darf Vibrieren,

Lass uns gegenseitig masturbieren!

Polygamie

Du liebst Sie, denn Sie liebt dich nicht;

Ein Liebesgeständnis Sie nie spricht.

Sie will nur testen, nur erkunden,

Und zieht so fleißig Ihre Runden.

Die Perfektion Sie sich nun baut,

Aus vielen Männern, Sie trotzdem schaut,

Bis Sie gefunden die Ergänzung,

Zu Ihrer stillen Gefühlsbegrenzung.

Sexvergnügen bei Kerzenschein,

Das Glück gilt nicht nur ihm allein.

Romantik will Sie trotzdem haben,

„Nur von wem?", Wirst du dich fragen.

Sie nimmt dich zärtlich bei der Hand,

Und Ihre Blicke töten dir den Verstand.

Du glaubst schon fast es wäre Liebe;

Doch es sind nur wilde Triebe.

Was Du nicht wirst Ihr geben können,

Wird Ihr schon bald ein anderer gönnen.

Patchworkbeziehung nennt man das;

Die Männer stets im Gegenhass.

Jeder will Sie für sich allein;

Die Nachbarn Sie nur hören schreien.

Zu fantastisch dieser Sex,

Womit Sie dein Herz hat schwer verhext.

Romantik und Zärtlichkeit kann Sie trotzdem geben,

Scheint nun in zweisame Beziehung zu streben.

Mein Kopf sagt zum Herz: „Sei nicht so naiv!

So geht das Vergnügen auf Dauer nur schief...“

Doch schon fällt das Wort aus Ihrem Mund!

Sie auch nun erklärt den tückischen Grund.

Polygamie, wie schön das klingt!

Doch das Gefühl mit Erfahrung nun ringt.

Klavier

Sie sitzt am Klavier,
Und spielt nun hier,
Eine bekannte Melodie,
Auf dessen Name ich komme nie.

Sitzt da konzentriert,
Vom Rhythmus infiziert.
Die Finger so sanft die Tasten berühren,
Als würde ich zärtlich am Körper sie spüren.

Die Noten, sie dringen ganz tief in mein Ohr,
Der Klang bringt gar benommenes Kribbeln hervor.

Ich stehe bei Ihr,
Ganz dicht am Klavier.

Sie lässt klingen den letzten Akkord;
Die Konzentration zur Musik ist nun fort.

Konzert

Kleines Rockergirl in der Band,
Sich nicht von meinem Blicke trennt.
Doch ich habe nichts gutes im Sinn
Und die Gedanken zu schweifen beginnen.

Schlagzeug ertönt, die Gitarren klingen
Und das Mädchen beginnt zu singen.
Mein Lieblingslied ertönt zu Ohren,
Die Lippen den Schoß Treue schworen.

Sie sieht mich an, ich leicht verlegen,
Schmutzige Blicke auf beiden Wegen.
Nun springt sie auf und ab zum Takt,
Die Brust bewegt als wäre sie nackt!

Tanzend zum Lied sie die Figur streichelt,
Ach wie Hotpants und Top ihr schmeichelt.
Ihr Blick erneut schon schweift zu mir,
Auf dem Konzert, kaum Leute hier.

Sie singt von missbrauchen und missbraucht werden,

Als würde sie auch meinen Körper begehren.

Ist mir so nah und doch so fern.

Will sie bei mir, ganz dicht so gern.

Das Konzert vorbei, ich applaudiere;

Steht dort allein, ich hin flaniere.

Nun treffen sich des Bettes Blicke;

Ich sie leider nur im Geist beglücke.

Autobiografie

Ich wurde am 25. Dezember 1998 in der Stadt Nordhausen am Harz geboren. In den Jahren 2005 bis 2015 ging ich in die Regelschule „Am Förstemannweg", bei der ich meinen Realschulabschluss absolvierte.

Während meiner Schulzeit begeisterte mich außerdem die Schauspielerei und ich trat somit einer Theatergruppe des Stadttheaters Nordhausen bei, in der ich einige interessante Rollen besetzte. Außerdem führte ich bei dem ersten Akt des Theaterstückes „Peer Gynt" Regie.

Von 2015 bis 2018 erlernte ich den Beruf des Destillateurs, wofür ich im „Fritz-Henßler-Berufsschulkolleg der Stadt Dortmund" zur Schule ging. Seit 2018 arbeite ich in dem genannten Beruf.

Mein Interessenfeld war schon immer breit gefächert und somit verfüge ich auch über verschiedene besondere Hobbys. Dazu gehören beispielsweise das Schreiben von lyrischen Texten, das Musizieren sowie die analoge Fotografie.

Schon als Kind interessierte ich mich sehr für die traditionelle Lyrik. und eines meiner absoluten Favoriten war zu dieser Zeit die Geschichte „Max und Moritz" von Wilhelm Busch.

Schon mit 2 Jahren konnte ich diese sicher und auswendig vortragen, obwohl ich selbst noch nicht einmal lesen konnte.

Während der Jahre beeindruckten mich weiterhin Werke von Wilhelm Busch, aber auch von anderen Autoren, was mich dazu inspirierte selbst Gedichte verschiedenen Inhaltes zu verfassen.

Eines meiner Vorbilder, aus der heutigen Zeit, ist der Lyriker Till Lindemann, da dieser ein besonderes Talent besitzt, provokante sowie gesellschafts-kritische Themen direkt, aber auch unterschwellig, in der Lyrik zu verpacken.

Für meine Werke wiederum, wählte ich das Pseudonym „Felix von Saar". Ich suchte diesen Namen aus, da ich somit eine Anspielung auf zwei Dinge mache.

Zum einen auf meine Familiengeschichte, da unser Stammbaum sehr weit zurück reicht. Wenn man diesen aufmerksam verfolgt, fällt auf, dass wir zu früheren Zeiten einmal den Adelstitel „von" besaßen.

Zum anderen mache ich so auch auf einen anderen großen Dichter und Schriftsteller aufmerksam. Hierbei meine ich „Ferdinand von Saar", welcher es verstand, schwermütige und tiefsinnige Gedichte zu verfassen. Diese dienen mir somit außerdem als Inspiration.

Im Jahr 2021 nahm ich erstmals mit meinen Gedichten an einem Wettbewerb teil. Dafür wählte ich eine Veranstaltung der Frankfurter Buchmesse namens „Frankfurt Young Storys". Dabei hatte ich guten Erfolg, da meine Gedichte unter den Favoriten der Vorjury waren. Somit schafften sie es zur Finalen Auswahl für eine Anthologie. Dies motivierte mich dazu dieses Buch zusammmen zu stellen.